AF258162

DÉPOT LÉGAL
Côtes du Nord
91-31
1889

LEURS MAJESTÉS

LES ROI....TELETS DE 1889

PAR

CH. TRESVAUX DU FRAVAL

(Ex-Pensionnaire de Sainte-Pélagie)

Prix : 10 centimes

14 JUILLET 1889

SAINT-BRIEUC

IMPRIMERIE-LIBRAIRIE L. & R. PRUD'HOMME

1889

LEURS MAJESTÉS

LES ROI...TELETS DE 1889

TABLE DES CHAPITRES

LEURS MAJESTÉS

LES ROI....TELETS DE 1889

PAR

CH. TRESVAUX DU FRAVAL

(Ex-Pensionnaire de Sainte-Pélagie)

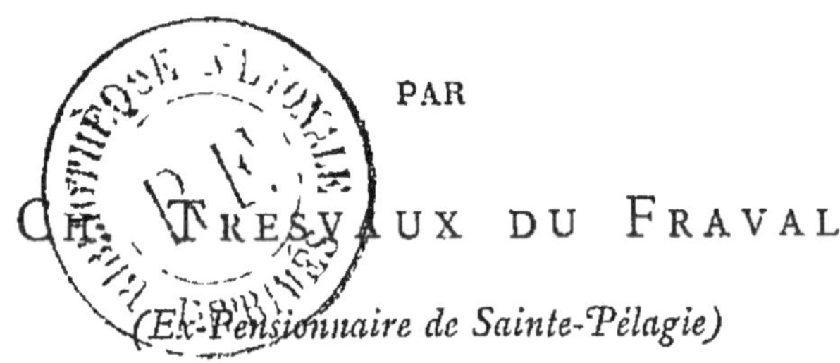

> « *Deposuit potentes de sede, et exaltavit humiles.* »
>
> « Il a renversé de leurs trônes les puissants, et il a élevé les petits. »
>
> « Ce qui perd la France, c'est la *superbie* (orgueil). »
>
> (PIE IX.)

Prix : 10 centimes

14 JUILLET 1889

SAINT-BRIEUC

IMPRIMERIE-LIBRAIRIE L. & R. PRUD'HOMME

—

1889

1789-1889

Un siècle nous sépare de l'époque où commença ce qu'on appelle communément la *Grande Révolution*.

Un siècle ! C'est une longue période dans l'histoire d'un peuple, comme disait Virgile : *grande ævi spatium*.

Aussi est-il permis, utile, nécessaire, de jeter un regard rétrospectif sur ces cent années écoulées ; en ce moment, où révolutionnaires et réactionnaires se réunissent dans des congrès, pour fêter, de façons différentes, le *Centenaire*.

Pendant ces cent dernières années, la France a-t-elle marché vers le progrès, ou vers la décadence ? Autrement dit, 1789 a-t-il inauguré, pour elle, une ère de prospérité, ou une ère d'adversité ?

Il y a cent ans, nous avions encore la Monarchie chrétienne, quoique déjà bien ébranlée ; à présent, nous avons la République athée, qui ne l'est pas moins.

Il y a cent ans, on avait encore le Roi ; aujourd'hui, il n'y en a plus, ou plutôt il y en a des *millions,* autant que de citoyens.

La France a-t-elle gagné à changer sa *Monar-*

chie séculaire contre cette *Omniarchie* nouvelle (si l'on veut bien nous permettre ce néologisme, qui rend fidèlement notre pensée) ?

Tous ces Roi... telets, plus ou moins majestueux, auprès desquels le défunt Roi d'Yvetot serait un grand Potentat, ont-ils procuré, et continuent-ils de procurer, à notre patrie, un accroissement de grandeur, de puissance et de prospérité ?

Enfin, s'il est démontré qu'au contraire ce gaspillage de l'autorité souveraine, répartie entre tous les citoyens, sacrés souverains au nom du *suffrage universel,* a été la cause de tous nos malheurs, et doit nous en faire redouter de plus terribles encore dans un prochain avenir, que doit-on faire pour réparer le mal déjà fait, et pour écarter celui qui nous menace ?

Telles sont les questions que nous prions tout lecteur, vraiment Chrétien et Français, par conséquent de bonne foi et impartial, d'étudier brièvement avec nous.

Nos Devoirs et nos Droits.

Tout homme a des devoirs et des droits envers Dieu.

Il a le devoir de l'aimer et de le servir ; mais aussi il a droit à la récompense du devoir accompli, qui est la vie éternelle.

De même, lorsqu'un gouvernement est *légitimement* établi, qu'il exerce le pouvoir au nom de Dieu, tout citoyen a le devoir de lui obéir ; comme aussi il a le droit d'attendre de lui la protection, qui lui est nécessaire, pour élever sa famille, pour faire prospérer ses affaires, etc.

Cette vérité avait été admise de tout temps en France, comme elle l'est encore chez tous les peuples que n'a pas empoisonnés la Révolution ; et c'est justement contre elle que voulurent s'élever les révolutionnaires de 1789, quand ils proclamèrent les trop fameux *droits de l'homme.*

Cette proclamation était tout bonnement une *ânerie :* attendu que les *droits de l'homme* existaient de tout temps, comme ils existeront toujours, n'ayant rien gagné, ni perdu, à avoir été *proclamés.*

Elle était de plus une infamie ; en ce qu'on espérait, en proclamant les droits de l'homme, nier ses devoirs, et, par conséquent, arriver à ébranler, puis à détruire, dans un temps plus ou moins reculé, l'ordre social, qui ne peut subsister sans le respect des droits, mais non moins sans l'accomplissement des devoirs.

Quels ont été les résultats de cette stupide et fatale proclamation ?

De nous plonger, depuis, dans une suite à peu près continuelle de révolutions.

Sous le Gouvernement de 1830, un ministre du Roi-Citoyen disait, un jour, à un diplomate étranger : « A l'époque de la Révolution... » — « Comment, reprit vivement celui-ci, à l'époque ? Mais vous y êtes toujours en révolution ! »

Ce que disait l'éminent diplomate est encore plus vrai aujourd'hui ; nous sommes encore plus en révolution qu'alors ; et nous continuerons à y être de plus en plus, tant que nous subirons des Gouvernements qui appliqueront les principes révolutionnaires, c'est-à-dire la proclamation des *droits* du citoyen, sans proclamer, en même temps, l'obligation stricte qu'il a d'accomplir ses *devoirs*, et envers Dieu, et envers la Patrie, et envers la société.

Phénomène étonnant, au premier abord, mais bien logique, quand on y réfléchit ! Plus l'on a proclamé les droits de l'homme, et plus on les a supprimés !

Quelle était, en effet, la formule de ces fameux droits : *Liberté, Egalité, Fraternité.*

Eh bien ! cette formule a été affichée à profusion sur les murs ; elle a été répétée à satiété dans le texte des lois.

Or, en réalité, elle n'existe que sur les murailles et sur le papier, qui souffrent tout.

La liberté est devenue la *licence*, c'est-à-dire qu'il n'y a plus de liberté que pour faire le mal. — L'égalité n'existe plus que pour un certain nombre de *privilégiés*, qui se partagent plus ou moins également, suivant qu'ils sont plus ou moins *Juifs*, les honneurs, les places et *notre* fortune publique.

Quant à la fraternité, elle consiste à se prendre à la gorge, non seulement sur les routes désertes, mais au sein des assemblées municipales, au beau milieu de la Chambre, et plus haut.

Pendant ce temps, que les catholiques, qui forment l'immense majorité de la nation, qui sont pourtant aussi des *citoyens,* qui paient le plus fidèlement nos énormes et iniques impôts, qui ont versé, de beaucoup, le plus de sang pour la défense de la patrie, qui sauvent encore ce qui reste d'honneur, de moralité, d'honnêteté et de fortune dans le pays, essaient d'exercer leurs droits, ils se voient écartés, entravés, persécutés, ruinés, emprisonnés (nous en savons quelque chose) ; et tout cela au nom des Principes de 1789.

En vérité il y a un fait qui étonne. Comment la majorité honnête subit-elle ainsi la tyrannie d'une minorité d'exploiteurs, aussi rapaces qu'éhontés et audacieux ?

Hélas ! trois fois hélas ! si les exploités sont très à plaindre, la plupart d'entre eux ne sont pas moins à blâmer.

Pourquoi ? parce que, sans s'en apercevoir, et sans en comprendre les conséquences, ils se laissent pénétrer, énerver, réduire à l'impuissance par le souffle impur de la Révolution.

Oui, la Révolution envahit nombre de citoyens, qui se disent, et, beaucoup même se croient Conservateurs, et qui, de fait, sont, plus ou moins, des Révolutionnaires ; car ils contribuent, par leurs actes et par leurs paroles, non pas à arrêter, mais bien à accélérer les progrès de la Révolution.

Et comment la Révolution a-t-elle pu pénétrer dans le cœur de ces citoyens, que le monde appelle encore d'*honnêtes gens,* et qui se croient tels ?

Par trois moyens : en développant chez eux, l'orgueil ; en flattant la vanité ; en repaissant leur sensualisme.

Ah ! l'on comprend ce que disait M. de Maistre de ces prétendus honnêtes gens, (au dire du monde). « Ayant été à même d'étudier de près ce qu'on appelle un *honnête homme,* je n'ai jamais rien vu de si hideux. »

Ces gens là sont, sans s'en douter, les complices des démolisseurs révolutionnaires ; car, animés du même orgueil, et du même égoïsme jouisseur, ils se croient, comme eux, de petits *Rois* dans la nation.

L'orgueil.

Qui dit Révolution dit révolte contre l'autorité.

Par conséquent est révolutionnaire quiconque est en révolte, soit contre l'autorité Divine, soit contre toute autre autorité légitimement établie par Dieu.

La première Révolution a été celle des anges dans le Ciel ; et le premier révolutionnaire a été Satan.

Aussi *Satan,* c'est-à-dire le *diable,* est-il devenu non seulement le père de tous les Révolutionnaires, passés, présents et futurs, mais de plus leur inspirateur.

Qui avait poussé Satan à la révolte contre Dieu ? L'orgueil.

Dès lors, son rôle infernal a été de développer l'orgueil parmi les hommes, afin de les amener à se révolter à leur tour contre toute autorité, et à pousser son cri séditieux : « *Non serviam* » « je n'obéirai pas. »

Dès lors aussi, tout révolutionnaire, c'est-à-dire tout adepte de Satan, s'efforce-t-il de l'aider à jouer son rôle infernal, en développant l'orgueil chez les autres hommes, pour en faire des révoltés, c'est-à-dire des révolutionnaires comme lui.

Satan avait dit aux anges, qui écoutèrent ses perfides conseils : « Vous serez tous des *dieux.* »

Les apôtres de la Révolution disent aujourd'hui aux citoyens : « Vous serez tous des *Rois.* »

Etant donné le penchant naturel vers l'orgueil, qui existe chez tous les hommes, depuis la faute de nos premiers parents, il n'est pas étonnant que tant d'aveugles se sentent flattés de cette royauté imaginaire qu'on leur promet, et se croient déjà investis d'une majesté, dont ils ne sentent plus le ridicule.

Aussi quel spectacle grotesque, et encore plus attristant et plus alarmant, offre notre pauvre société Française en décadence !

C'est vrai que l'on a supprimé la Cour du Roi ; mais pour la voir remplacée par une *Basse-Cour de paons.*

Les hommes les plus ignorants, les plus incapables, souvent même les plus tarés, se drapent dans une dignité qu'ils s'imaginent avoir ; puis, gonflés par l'orgueil, comme la grenouille de la Fable, ils s'écrient, avec une unanimité grotesque : « L'Etat, c'est moi. »

Autrefois, comme c'est encore actuellement parmi les peuples que la Révolution n'a pas encore asservis, c'était par la vertu, par le génie, par le mérite, par les actions d'éclat, par les services rendus au pays, que les hommes s'élevaient dans la nation.

Aujourd'hui, il y a encore des cas, où l'on est contraint de rendre hommage à la vertu, où le vrai mérite s'impose. Mais hélas ! ce n'est plus la règle, c'est l'exception.

On s'élève par le servilisme, en rampant devant les puissants du jour qui vous hissent : ou même, ce qui est plus simple, on se construit son propre piédestal, on se boutique sa propre apothéose.

D'où il résulte que, dans la société, tout ce qui mériterait d'être en haut est en bas, et tout ce qui devrait être en bas est en haut.

D'où il résulte encore que nombre d'hommes

capables, dévoués, ayant fait leurs preuves, mais honnêtes, humbles et indépendants, d'hommes, qui pourraient rendre les plus grands services au pays, sont mis de côté et se retirent dans l'ombre, écœurés, découragés, impuissants.

L'impartialité nous fait un devoir de reconnaître que cette perturbation sociale, si elle existe généralement par la faute des révolutionnaires *avérés*, n'existe aussi que trop par celle des révolutionnaires *sans le savoir*; car l'orgueil règne aussi, trop souvent, parmi eux, amenant, avec lui, sa complice hideuse, la *jalousie*.

On le voit donc : l'orgueil est le principal agent de la Révolution.

C'est lui qui pousse les hommes à se révolter contre toute autorité, celle de Dieu, celle du Chef de l'Etat, légitimement établi, celle du père, celle du maître.

C'est lui qui porte l'homme à cette prétention égoïste de concentrer toutes les autorités, en sa chétive, et souvent méprisable, personne ; qui lui fait pousser ce cri, aussi absurde qu'impie : « Ni Dieu, ni Maître. »

C'est lui enfin qui l'amène à se croire non plus un sujet, mais un petit *Roi*, un *Roitelet*.

C'est lui qui est la cause principale de cette perturbation sociale, qui nous divise, nous affaiblit, nous ruine, et qui nous achèvera, si l'on ne rétablit pas parmi nous la vraie humilité, l'humilité chrétienne.

La Vanité.

Si l'orgueil est le principal agent de la Révolution, il est fortement aidé par une autre passion, qui du reste toujours marche à sa suite, la vanité.

Un orgueilleux est toujours un vaniteux, et 99 fois sur cent un imbécile et un ignorant.

Rien de plus facile que de prendre un vaniteux, de lui faire faire ce que l'on veut, ou de le réduire à l'impuissance.

Flattez sa vanité, et vous en ferez, ou un complice, ou un adversaire impuissant.

La Révolution ne le *sait* que trop bien, et voilà comment elle opère.

Aux uns, qu'elle sait pouvoir facilement acheter, elle promet les honneurs, et les leur accorde, tant qu'elle le peut, pour prix de leur servilisme.

Aux autres, qui, retenus par un reste de Foi, d'honnêteté, d'indépendance, refusent de se faire ses esclaves, elle charge son allié, l'esprit du monde, d'inspirer la vanité de leur propre personne.

Ainsi l'on voit, d'une part, se pavaner, au Sénat, à la Chambre, dans les Palais, dans les Edifices publics, dans les carrosses, entourés d'escortes brillantes et de musiques, souvent même militaires, des personnages bouffis, truffés et chamarrés, qui, sans la Révolution, seraient à décrotter les souliers, à balayer les rues, seules besognes qui conviennent à leur incapacité.

Et l'on voit, d'autre part, des hommes se croyant des Conservateurs, se disant des ennemis de la Révolution, qui perdent l'influence légitime qu'ils devraient exercer, en se faisant honnir, et en arrivent à accélérer, au lieu de l'entraver, la marche de la Révolution ; parce qu'ils éloignent d'eux les masses, au lieu de les attirer.

C'est, qu'en effet, si pleins de vanité que soient, à notre époque, les individus, du haut au bas de l'échelle sociale, l'on n'aime pas à voir plus vaniteux que soi ; et, si l'on respecte encore la supériorité de la vertu et du mérite, l'on déteste d'être éclaboussé par le luxe et la morgue d'individus, qui n'ont d'autre supériorité que celle de l'or qu'ils possèdent, et plus souvent encore qu'ils empruntent.

Aussi est-il indubitable que le luxe exagéré et disproportionné, que la Révolution s'est efforcée, depuis cent ans, de répandre dans toutes les classes, a été pour elle un de ses plus sûrs moyens de triompher, non seulement en appauvrissant les familles, mais encore en paralysant les influences sociales, qui eussent pu le mieux entraver ses desseins et empêcher le peuple de devenir son esclave.

Si encore les vaniteux se contentaient de chercher à *épater* les populations ; mais malheureusement, la plupart du temps, ils se figurent avoir à jouer un rôle politique ; car il est rare qu'un vaniteux ne soit pas doublé d'un ambitieux. C'est du reste naturel ; quand on se croit supérieur à ses semblables, naturellement on pense que l'on doit être appelé à les dominer.

Autrefois c'était l'estime publique qui désignait les candidats. Quand un homme avait donné des preuves évidentes de capacité, avait rendu des services signalés, jouissait d'une réputation méritée de foi, d'honneur, de dévouement, et avait ainsi acquis une juste influence, tout naturellement il semblait indiqué aux votes des citoyens honnêtes.

Aujourd'hui, où la Révolution a tout bouleversé, il pleut des candidats ; il y en a autant que de gens qui se croient dignes de l'être. Or Dieu sait s'il y en a ! Comme à la vente de la sardine, on peut en demander 13 pour 12.

Le candidat n'attend pas qu'on aille le chercher : il s'impose, sans négliger cependant la formule consacrée : « Sollicité par un nombre immense de mes concitoyens... etc. » Quel nombre ! souvent deux pelés et un tondu.

Mais du moins il doit avoir rendu quelque éminent service, pour se croire ainsi le candidat indispensable. A-t-il repris l'Alsace et la Lorraine ? A-t-il contribué à sauver l'industrie aux abois et l'agriculture qui dépérit ?

Questions indiscrètes ! Il n'a fait qu'une chose ; et cela suffit (du moins pour lui) ; ça été de déclarer aux populations ébahies qu'il devait être *le* candidat.

A quel degré d'aveuglement la vanité peut-elle conduire un homme !

Mais être appelé à décider du sort de ses concitoyens, surtout dans des temps troublés et inquiétants comme sont les nôtres, quelle mission effrayante et quelle responsabilité redoutable !

On comprend encore que l'on puisse l'accepter, avec tremblement, et par devoir, quand vos concitoyens vous l'imposent, comme étant celui dans lequel ils ont le plus de confiance pour la remplir.

Mais pour la rechercher, quand personne ne vous en prie, il faut pour cela se croire bien fort et s'en croire bien digne.

O humilité ! O abnégation des temps anciens, qui faisiez les saints et les héros, admirables inspiratrices de ce vrai patriotisme, qui avait fait de notre France l'admiration et le modèle du monde entier, qu'êtes-vous devenues, depuis que la Révolution nous a envahis, et tous plus ou moins pénétrés ?

Eh bien, vertus Chrétiennes, si les Roitelets de 1889 ne reviennent à vous, s'ils ne se dépouillent de cette vanité fatale, qui les inspire et les conduit, la Révolution achèvera de détruire la France... et avant peu.

Le Sensualisme.

L'homme est un animal raisonnable.

Aussi, pour élever l'homme, tout en donnant à son corps la nourriture nécesssaire à son développement, doit-on, avant tout, s'appliquer à éclairer son intelligence, à réchauffer son cœur, à fortifier son âme : par conséquent à affermir sa raison.

Tel était jadis, en France, le but de l'éducation ; tel il est encore, chez tous les peuples ayant des Gouvernements qui veulent leur bien ; tel il sera toujours, pour l'Eglise, dans tous pays : faire dominer la raison sur la bestialité, l'âme sur le corps.

Mais, si telle est l'éducation des Gouvernements qui veulent sauver leur peuple, ceux qui, au contraire, s'en moquent bien de leur peuple, qui le regardent comme un vil troupeau, bon à être asservi et exploité, veulent une éducation toute contraire.

C'est qu'en effet développer la raison chez l'homme, c'est éclairer et fortifier sa conscience ; par conséquent lui donner, avec le sentiment des devoirs à remplir, la connaissance de ses droits et la volonté de les exercer.

Or, quels sont ces droits ? Etre libre ; n'obéir qu'à Dieu et à ceux qui ont mission de commander en son nom ; conserver ses croyances, et les transmettre à ses descendants ; posséder ce qu'il a reçu de ses pères et ce qu'il pourra légitimement acquérir, etc.

Mais des hommes, ainsi élevés, seraient des *caractères* : et la Révolution ne veut que des *esclaves,* qu'elle puisse ployer sous son joug.

Donc, au lieu d'élever l'homme, il faut l'abêtir : et, pour cela, engraisser le corps, l'enivrer ; et étouffer l'âme.

En avant donc tout ce qui peut développer les instincts bestiaux, avilir les sens et exciter les appétits grossiers : et l'alcool, et les aliments épicés et frelatés, et la débauche, et les mauvais livres, et les mauvais journaux, et les spectacles impies et immoraux, etc.

Pour la Révolution, le citoyen est un animal à *engraisser*, en attendant qu'on le *tue,* ou qu'il crève, de lui-même, étouffé.

Tous les médecins nous disent qu'au moins la moitié de la nation est plus ou moins alcoolisée, et que les maladies honteuses deviennent de plus en plus communes.

Aussi le sang s'appauvrit-il, la race s'abâtardit-elle : nous nous en allons, même au point de vue physique.

Deux faits indubitables le prouvent : le nombre, sans cesse croissant, d'exemptions, pour maladies ou infirmités, que l'on constate aux Conseils de révision ; et l'abaissement de la taille, que l'on vient encore de décréter pour le service militaire.

Voilà à quel état de décrépitude physique la Révolution a fait tomber le peuple Français, en développant dans son sein le sensualisme, en remplaçant la morale Evangélique par la morale *libre*.

Après tout, quoi d'étonnant de la part de cette fille de Satan, qui n'est pas plus Française que Chrétienne? Ce qui est étonnant, c'est de voir des hommes, qui se prétendent anti-révolutionnaires, venir aider la Révolution dans son travail de démoralisation et d'abâtardissement du peuple.

Oui, il se trouve des hommes assez aveugles, assez criminels, pour multiplier ces fêtes, dites assemblées, où les citoyens vont, en une soirée, gaspiller ce qui était nécessaire à la famille pour vivre toute une semaine, qui se terminent par ces danses publiques, si fatales à tant de jeunes filles, et après lesquelles on trouve le lendemain les routes jonchées de malheureux ivrognes cuvant leur alcool. Quel beau spectacle ! les *Roitelets* de 1889, souillant leurs couronnes dans la boue du ruisseau !

Et qui pousse ces conservateurs (en théorie) à venir ainsi jeter la misère et la désolation dans les familles ? L'amour du peuple ? Allons donc ! Une ambition électorale presque toujours.

Ce sera bien autre chose, quand la période électorale s'ouvrira. Cela deviendra une soûlaison, gratuite, et presque obligatoire.

Ah ! l'on comprend que les révolutionnaires,

qui affichent le mépris des lois divines, pour lesquels les citoyens sont non pas des Chrétiens, mais des machines à voter, aient recours à ces moyens honteux.

Mais les voir employer par des hommes, qui osent se présenter comme les défenseurs du trône et de l'autel, voilà qui révolte.

En face de pareilles inconséquences, quelle différence peut-on faire entre ces candidats, et les candidats de la Révolution ?

On le voit, si la Révolution s'efforce de démoraliser le peuple, en développant son sensualisme, pour l'asservir, elle n'y est que trop aidée par ces ambitieux, prétendus réactionnaires, qui croient que *tous* les moyens sont bons pour parvenir.

Ce n'est pas ainsi que l'on agit dans les pays, où l'on considère que l'élection est une opération sérieuse, où l'on rougirait d'être élu par des électeurs ayant perdu leur raison.

Prenons un seul exemple, celui d'une *République*, les Etats-Unis. Là, les cabarets sont fermés 24 heures avant l'ouverture du scrutin.

Et maintenant que faire pour entraver les progrès effrayants du sensualisme ?

Là encore, il n'y a que la Religion qui puisse lui opposer une digue solide.

Le sensualisme révolutionnaire, qui engendre tout d'abord l'égoïsme, il faut le combattre par l'abnégation, le sacrifice, la sobriété, plus encore en action qu'en paroles.

Ainsi l'on fera revivre cet esprit de dévouement et d'héroïsme, qui seul peut sauver une nation de la ruine qui la menace, et la relever.

Le Grand Roi de 1889.

La multitude des *Roitelets*, de notre époque, sentent le besoin d'avoir un chef.

Si on leur demandait, individuellement, qui convient le mieux, beaucoup répondraient modestement : « *moi.* »

Malheureusement, si les aspirants ne manquent pas, il n'y a qu'une place à donner. Il s'agissait donc de savoir qui serait le grand chef, le *Grand Roi* de tous ces *Roitelets*.

Soudain un homme a surgi, Boulanger.

Quels mérites, quels droits avait-il pour être choisi ? Il serait difficile de les énumérer et même d'en trouver un seul.

Voltaire a dit :

« Le premier qui fut roi fut un soldat heureux. »

Or, si Boulanger est certainement un individu chanceux (au point de vue mondain), puisqu'il est souvent encore le candidat à la mode, il serait difficile de dire en quoi il a été heureux, n'ayant jamais remporté aucune victoire, même sur lui-même.

En cherchant bien, l'on ne peut lui trouver que deux titres à occuper le Pouvoir suprême ; c'est d'avoir été un indiscipliné et un révolté, ce qui constitue deux bons points à notre époque révolutionnaire.

Pardon, il a encore d'autres mérites : d'abord d'avoir expulsé les princes, entre autres le duc d'Aumale, dont il léchait les bottes à Besançon ; puis d'avoir travaillé de son mieux à désorganiser l'armée ; enfin d'être le père de cette loi militaire, qu'on vient de voter, loi qui serait le coup de grâce pour notre armée si elle devait subsister longtemps, et qui, en attendant, a été faite, non contre les ennemis de la France, mais contre le Clergé, en haine de la Religion.

Tristes mérites, on le voit ; mais qui suffisent pour lui attirer une popularité, qu'il serait injuste et inutile de nier.

« Dis-moi qui tu hantes, je te dirais qui tu es, » dit le proverbe.

Eh bien, sous ce rapport, les satellites de la planète Boulangiste n'ont rien d'attrayant, ni de rassurant. C'est un ramassis de gens, dont certains ont réellement du talent, de l'habileté, de l'audace, mais qui n'ont la plupart ni mérites, ni vertus, et encore moins de principes.

Quant à son programme, il paraît simple à première vue ; mais, en l'étudiant, rien n'est plus double, triple, quadruple, etc.

Il consiste à faire risette à tous les hommes de tous les partis, en leur disant à tous, Catholiques et Francs-maçons, Bonapartistes et Orléanistes, Républicains et Radicaux : « Citoyens, je suis absolument d'accord avec vous ; prenez mon ours ; et, bien que vous désiriez des choses complètement opposées, je réaliserai tous vos désirs. »

Boulanger est un Janus perfectionné.

Que la masse aille à lui, il ne faut pas s'en étonner, quand on l'a vue courir après les Gambetta, les Ferry, et autres fumistes, qui lui ont fait payer cher son enthousiasme, aussi fatal qu'inconscient.

Que des ambitieux *(per fas et nefas)*, des tarés, des décavés, des adorateurs du soleil levant, des aveugles (de naissance, ou par accident), s'attèlent à son char, le fait n'a rien non plus de très étonnant.

Mais que des hommes sérieux, éclairés, voulant sincèrement le bien de la Religion et de la Patrie, aient confiance en ce Janus, voilà ce qui est aussi incompréhensible qu'inexplicable, qui renverse toute logique, toute notion, même élémentaire, de bon sens.

Pour nous :

« Ce bloc *enfariné* ne nous dit rien qui vaille. »

Sans doute tous les honnêtes gens ont soif de voir déguerpir les farceurs qui nous exploitent, et qui ont mis la France en si triste état.

Seulement, pour les remplacer, trouvons d'abord un Médecin, mais pas un empirique, qui, non seulement ne restaurera rien, mais qui forcément achèvera de tout détruire.

Quand on achète un cheval, on exige des garanties, et avec raison.

Est-ce trop d'en demander, quand on veut livrer l'avenir du pays aux mains d'un homme aussi..... douteux ?

Néron fit élire son cheval consul. Et bien, si l'on tient absolument à mettre à la tête du Gouvernement quelque chose de la maison Boulanger et Cie, que l'on y mette son fameux cheval noir. Au moins cet animal ne fera ni bien, ni mal ; tandis que nous ne voudrions pas garantir que l'on pourra en dire autant du cavalier.

« *Ne coneris ictum fluvii,* » dit l'Ecriture ; « ne cherchez point à vous opposer à la fougue d'un torrent. »

Il est certain qu'il existe, actuellement, en certains endroits, un courant, aussi irrésistible qu'irraisonné, qui porte la foule vers Boulanger, courant sans cesse fortifié par les sottises et les crimes de nos Gouvernants.

Laissons passer cet engouement, auquel du reste il serait inutile de s'opposer, jusqu'à ce que la masse soit désengouée, ce qui ne tardera pas.

Dieu veuille que le pays ne paie pas bien cher cet engouement, comme tant d'autres !

Restons spectateurs passifs de cet essai, plus ou moins loyal, mais en tout cas bien téméraire.

S'il tourne au bien de la nation, ce que nous

désirons de tout cœur, hélas ! sans pouvoir l'espérer, nous y applaudirons.

Mais, si, ce qui n'est que plus que probable, Boulanger nous met encore plus dans le pétrin, nos concitoyens se souviendront qu'ils avaient été bien et dûment prévenus à l'avance.

Alors que faire ? — Agir.

Nous entendons d'ici le lecteur nous dire : « Vous nous montrez le désarroi partout ; mais alors que faire ? »

Nous ne sommes pas embarrassés pour répondre. — Il faut *agir*.

Mais comment agir ? Rien n'est plus simple et plus facile.

Il est vrai que, lorsqu'on considère le manque de direction qui fait défaut partout, l'audace de nos ennemis et les défaillances de beaucoup, que nous eussions dû croire nos amis ; lorsque nous nous considérons nous-mêmes, avec nos fautes et nos faiblesses, il y aurait de quoi être découragés, si nous étions simplement des hommes, livrés à leurs seules forces.

Mais n'oublions pas que nous sommes des *Chrétiens*, et que, comme tels, nous ne devons pas oublier cette maxime du grand Apôtre : « *Omnia possum in eo, qui me confortat.* » —

« Je puis tout avec le secours de Celui qui me fortifie. »

Donc, pas de découragement et à l'œuvre.

Peu d'hommes ont une mission extraordinaire à accomplir ; mais chacun a sa mission particulière, qui consiste à faire d'autant plus de bien qu'il voit faire plus de mal autour de lui.

Que chaque bon chrétien, par conséquent bon citoyen, puisse se dire, le soir, comme Titus, qui n'était pourtant qu'un païen : « J'ai fait une bonne action dans la journée. »

Aller vers une âme malade, la consoler, la soulager, la ramener à Dieu, changer son désespoir en espérance, remplacer, dans son cœur, cette haine sociale, que souffle la Révolution, par la charité fraternelle ; lui montrer qu'elle n'est pas abandonnée, mais qu'elle a encore des frères qui l'aiment en Jésus-Christ, est-ce là une mission si difficile à remplir ?

Eh bien ! que chaque Chrétien l'accomplisse : il le doit, et il le peut.

Et bientôt, quand toutes les combinaisons de la politique sans Dieu auront échoué, le peuple ouvrira les yeux ; il secouera le joug odieux de la Révolution ; et il comprendra qu'il n'y a de politique, sûre et durable, que celle qui s'appuie sur la Religion du Christ qui aime les Francs.

Conclusion.

Il se passe, à cette Exposition, qui attire et fascine les masses, et que plus tard nous paierons bien cher, un fait aussi instructif que triste et honteux pour nous.

Tous les Etrangers, même les Javanais, les Chinois, les Canaques, les Zoulous, observent les pratiques de leurs religions et avouent hautement leur étonnement de voir les Français enfreindre, comme ils le font, les lois de la leur, surtout le dimanche.

Outre que ce fait n'est pas propre à nous gagner l'estime et la sympathie de ces peuples, il est pour nous une cruelle leçon et un grand enseignement.

Ces peuples sont en progrès ; nous, nous sommes en décadence, au moins aux points de vue politique, social et moral.

Ils se civilisent ; nous, nous nous *décivilisons*.

Voulons-nous nous relever ? Voulons-nous rentrer dans la voie du progrès véritable ?

Imitons-les : commençons par rendre à la divinité les honneurs et le culte, qui lui sont dûs.

Ainsi nous regagnerons l'estime des peuples, que notre état Révolutionnaire éloigne de nous ; nous aurons des alliés ; et nous rendrons à la France son rôle passé : d'être la *lumière* et *l'arbitre* des autres nations.

Pourquoi ce petit livre ?

Après trente ans passés à défendre, au prix de notre fortune, de notre liberté et de notre sang, toutes les causes opprimées et vaincues, après avoir été trop souvent accablé, bien plus par nos prétendus amis que par nos ennemis, lorsque nous rentrons en nous-même et que nous considérons notre faiblesse, notre indignité et notre impuissance, nous nous demandons à nous-même : « Pourquoi avoir écrit ces pages et les livrer au public ? »

Ah ! c'est qu'il existe et qu'il existera toujours dans notre cœur, trois amours qui le feront battre jusqu'à son dernier battement : l'amour de l'Eglise, l'amour de la France, l'amour du peuple.

« *Misereor super turbam.* » — « J'ai pitié de cette foule, » s'écriait le Christ, en voyant les Hébreux en proie à la faim. Qui n'aurait pitié, à l'heure actuelle, du peuple Français, trompé, exploité, grisé, victime de tous les intrigants, en proie à la faim du corps, et à celle bien plus cruelle encore de l'âme ?

Sans doute il n'est pas amusant de venir dire aux gens qui s'amusent, ou du moins auxquels on cherche à persuader qu'ils s'amusent : « *Cave ne cadas.* » — « Prenez garde, vous dansez sur le bord de l'abîme. »

Ce rôle de Cassandre, nous en avons subi les amertumes, mais nous en avons goûté aussi les tristes consolations.

En 1860, lorsque nous courions, avec nos camarades (dont la plupart ont succombé) au secours du Pape Pie IX, on nous disait : « Insensés, que faites-vous ? En allant combattre contre l'Italie unifiée, c'est contre la France elle-même que vous allez combattre ! »

On a même essayé, pour ce fait, de nous enlever nos droits de citoyen Français.

Que nous vaut aujourd'hui l'unité Italienne ? De fournir à la Prusse une alliée, ingrate et perfide, contre nous.

En 1870, nous nous efforcions, même après le Plébiscite, de montrer que l'Empire nous conduisait à une guerre effroyable. On se moquait de nous ; on nous traitait de pessimiste, d'halluciné.

Les événements nous ont-ils donné raison ?

En 1883, nous rappelions des faits impies de la jeunesse d'un nommé Grévy ; ce pourquoi des mouchards du crû nous faisaient goûter, pendant 92 jours, les douceurs de Sainte-Pélagie.

Qui oserait défendre maintenant, même parmi ces mouchards, Grévy, Wilson et Cie ?

Aujourd'hui, nous supplions nos concitoyens de voir à quels dangers certains et imminents les conduiront, *infailliblement,* l'Opportunisme, le Radicalisme, le Boulangisme, et autres charlatanismes.

Nous écouteront-ils ? Nous ne l'espérons guère ; tant les *Roitelets* de 1889 sont nombreux.

Du moins notre conscience est, et restera en paix pour ces trois raisons :

1° Parce que nous disons la vérité ;

2° Parce qu'il y a une masse honnête tentée de se décourager, qui a besoin d'être rassurée, réconfortée et prémunie contre les embauchements des sau…teurs ;

3° Parce que nous pouvons répéter, après saint Jean : « Je vous ai dit ces choses, afin que vous vous rappeliez, *quand elles seront arrivées,* que je vous les avais dites. »

FIN.

POST-SCRIPTUM. — Depuis que cette brochure est écrite, des élections ont eu lieu.

Peu favorables aux opportunistes, encore moins aux boulangistes, elles ont fait gagner un nombre considérable de sièges aux conservateurs.

Un fait, qui est une grande leçon, en ressort : c'est le succès des candidats qui se sont présentés, carrément et franchement, en *catholiques.*

Dieu veuille que cette leçon soit comprise à l'avenir ; car c'est seulement dans le retour aux principes, et mieux encore à la pratique de la Religion, que notre pauvre France agonisante trouvera sa *résurrection.*

EN VENTE

CHEZ

MM. L. et R. PRUD'HOMME, Saint-Brieuc.

BAZOUGE, Dinan.

CAILLIÈRE, place du Palais, Rennes.

FOUGERAY, à Saint-Joseph, Rennes.

Mᵐᵉ Vᵛᵉ CAILLÈRES, Vitré.

LEROY, rue Rennaise, Laval.

Mᵐᵉ LEPELLETIER, Grande-Rue, Laval.

VANNIER, rue de la Croix-Bidault, Laval.

CHAILLAUD, rue des Béliers, Laval.

Mᵐᵉ Vᵛᵉ BROCHERIE, Château-Gontier (Mayenne).

H. LE CLERC, rue des Juifs, Château-Gontier.

CORAIRIE, quai de la Mayenne, Château-Gontier.